Inhalt

Umweltschutz - ein Luxus den man sich nicht leisten kann?

Kernthesen

Beitrag

Fallbeispiele

Weiterführende Literatur

Impressum

Umweltschutz - ein Luxus den man sich nicht leisten kann?

I.Zeilhofer-Ficker

Kernthesen

- Investitionen in Umweltschutz und ökologisches Management werden oft mit dem Hinweis auf zu hohe Kosten auf "irgendwann" verschoben.
- Neue Studien zeigen allerdings auf, dass Unternehmen, die konsequent nachhaltig und damit umweltschonend wirtschaften, auch mit ihren finanziellen Ergebnissen besser abschneiden als konventionell arbeitende Firmen.
- Vom Gesetzgeber vorgegebene hohe Umweltstandards und Vorschriften sind oft

Anstoß für zukunftsfähige Innovationen und der damit verbundenen Schaffung von neuen Arbeitsplätzen.
- Das Ökoprofit-Programm hilft vor allem kleinen und mittelgroßen Unternehmen, ökologische Ziele mit finanziellen Vorteilen in Einklang zu bringen.
- Ökologisch orientierte Geldanlagen erfreuen sich wachsender Beliebtheit, da ihr Abschneiden auf dem Finanzmärkten besser ist als das herkömmlicher Anlageformen.

Beitrag

Aus Politik- und Wirtschaftskreisen hört man des öfteren, Umweltschutz, Ökologie und Nachhaltigkeit seien "Luxusgüter", die wir uns in diesen wirtschaftlich schlechten Zeiten nicht leisten könnten. Neueste Untersuchungen zeigen aber, nachhaltig wirtschaftende Unternehmen weisen die besseren finanziellen Ergebnisse auf. (1)

Ökologie und Umweltschutz - Kostenfaktoren oder Gewinnbringer?

Verfolgt man die politische Diskussion der verschiedenen Parteien über Umweltschutz und Ökologie, so trifft man auf zwei sich absolut widersprechende Meinungen. Die eine Seite sagt, Umweltschutz sei so teuer, dass man ihn sich in wirtschaftlich schlechten Zeiten nicht leisten könne. Außerdem würde er Arbeitsplätze vernichten oder deren Verlagerung in Billigländer vorantreiben. Die andere Seite dagegen vertritt die Auffassung, durch Umweltschutz würden Innovationen gefördert und in großem Maße Arbeitsplätze aufgebaut. (2)

Neueste Studien weisen darauf hin, dass nachhaltig wirtschaftende Unternehmen aber tatsächlich eine rund 13,5 Prozent höhere Gesamtrentabilität als der Branchendurchschnitt erreichen, der Gewinn pro Aktie war sogar um 82 Prozent höher als der Durchschnitt. Wirkt sich Umweltschutz also doch positiv auf die Wirtschaft aus? (1)

Umweltschutz und Ökologie kosten Geld...

Natürlich sind in den allermeisten Fällen Investitionen notwendig, um Umweltschutzziele zu erreichen. Vor dem Spritsparen steht das Fahrertraining für umweltschonende Fahrweise, vor der Sonnenstromernte die Installation von Sonnenkollektoren. Noch krasser mag es dem Afrikaner im Busch erscheinen, der plötzlich zum Schutz der Wälder kein Holz zum Heizen und Kochen mehr schlagen soll und stattdessen teuren Brennstoff kaufen muss. (10)

Deshalb den Umweltschutz als reinen Kostenfaktor anzusehen, wäre allerdings ein fataler Trugschluss. Neben der niedrigeren Umweltbelastung resultiert die Sprit sparende Fahrweise in niedrigeren Benzinkosten für das Unternehmen, Solarstrom bringt Einspeisevergütungen und selbst der Schwarze profitiert langfristig vom Weiterbestehen des Waldes.

... aber Umweltschutzvorschriften stoßen Innovationen an...

Rigide Vorschriften zum Schutz der Umwelt waren und sind häufig der Anstoß, innovative Technologien zu entwickeln und neue Marktchancen zu erschließen. Bestes Beispiel ist die Solarenergiegewinnung, die sich aufgrund der für sie vorteilhaften deutschen Gesetzgebung zum Exportschlager und zur Jobmaschine entwickeln konnte. (14)

Ein Negativbeispiel dagegen ist die Reaktion der

deutschen Automobilindustrie auf die Gesetzeslage zum Dieselrußausstoß. Während beispielsweise französische Autofirmen kurz nach Bekanntgabe künftiger Emissionsgrenzwerte Fahrzeuge mit Rußfilter entwickelten und diese aktiv vermarkteten, wurde die Thematik bei den deutschen Firmen verschlafen beziehungsweise boykottiert. Erst nach erheblichen Marktanteilsverlusten wurden unter enormen Zeitdruck Umstellungsmaßnahmen durchgeführt.

Eine zukunftsträchtige Idee scheint zu sein, die beim Autofahren entstehenden Stickoxide schon während der Fahrt in Stickstoff umzuwandeln. Heute werden Stickoxide im Auspuff verbrannt, schon bald aber soll stattdessen der wertvolle Dünger quasi als Nebenprodukt des Autofahrens entstehen. (3)

...und können den Unternehmen zusätzliche Profite bescheren.

Schon seit Jahren arbeitet Fujitsu Siemens am Recycling von Alt-PCs sowie an Computern, die umweltgerecht ohne giftige Substanzen mit einem möglichst hohen Recyclingfaktor hergestellt werden. In Nordeuropa wurde der "Green PC" bereits zum Verkaufsschlager. Aufgrund der langjährigen

Erfahrungen mit der Thematik stellt die zum Juni 2006 geforderte gesetzliche Anforderung der bleifreien Produktion sowie der Rücknahme von Elektroschrott für Fujitsu Siemens keinerlei Problem dar. Die dadurch entstandenen klaren Wettbewerbsvorteile zahlen sich in barer Münze aus. Der Ersatz von giftigen oder umweltschädlichen Substanzen ist aber nicht nur in der Elektronikbranche Thema sondern wird über alle Branchen hinweg thematisiert. (4), (7), (8), (9)

Oft lässt sich umweltbewusstes Handeln und Einsparungen sogar ganz ohne Vorabinvestitionen erreichen. Werden Güter per Seefracht statt per Luftfracht transportiert, spart dies nicht nur Kosten sondern auch jede Menge CO_2-Emissionen. Die Nutzung von Recyclingpapier spart zwar nur wenig Geld, hilft aber den bedrohten Wäldern. Der bewusste und sparsame Umgang mit Rohstoffen und Ressourcen generell spart nicht nur Kosten sondern trägt in hohem Maße zur Wettbewerbsfähigkeit eines Unternehmens bei.(5), (11)

Ein gutes Beispiel profitables und umweltgerechtes wirtschaften sind die Bio-Bauernhöfe, die durch die Umstellung der Lebensmittelproduktionsverfahren auf ökologische Methoden mittlerweile finanziell weit besser gestellt sind, als die konventionell produzierenden Betriebe. Dass dabei noch gesunde und schmackhafte Produkte entstehen, nimmt jeder gerne in Kauf. (6)

Ökoprofit - mit einfachen Mitteln die Umwelt entlasten und Geld sparen

Das Programm Ökoprofit wurde 1991 in Graz entwickelt und verbreitet sich seit 1998 in ganz Deutschland. In München, wo es in der BRD den Anfang nahm, sind in den vergangenen sechs Jahren rund 100 Firmen mit dem Ökoprofit-Label ausgezeichnet worden. (13), (www.muenchen.de/Rathaus/raw/nachhaltig/oekologi

Ökoprofit wendet sich hauptsächlich an kleine und mittelgroße Betriebe, die weder das notwendige Fachwissen noch entsprechendes Personal für ein professionelles Umweltmanagement zur Verfügung haben. Teilnehmende Firmen erhalten die Gelegenheit, durch ca. zehn Workshops und vier Betriebsbesichtigungen innerhalb von einem Jahr zu erfahren, wie und wo durch umweltbewusstes Handeln Geld eingespart werden kann. Ein professionelles Beraterteam zeigt individuell für den Betrieb auf, wo die Schwachstellen liegen. Das

Programm wird teilweise von den Städten und Gemeinden gefördert, die Unternehmen zahlen einen Beitrag von 2000 bis 6000 Euro für die Teilnahme. (13)

Allein in München konnten teilnehmende Unternehmen bisher jährlich rund 1,2 Millionen Euro an Kosten einsparen. Diesen jährlichen Kosten stehen Investitionen von 3,3 Millionen Euro entgegen, so dass sich eine durchschnittliche Amortisationszeit von unter 3 Jahren ergibt. Die Haupteinsparungen wurden im Bereich Strom und Wärme, Wasser und Abwasser sowie Rohstoffe und Abfälle erzielt. Aus den insgesamt 70 deutschen Städten, Landkreisen und Regionen, die sich bisher an Ökoprofit beteiligt haben, werden Kosten-, Energie- und Emissionseinsparungen in ähnlicher Höhe gemeldet. (10), (11), (12), (13)

Mit ökologischer Geldanlage verdienen

Wer sein Geld in nachhaltige Geldanlagen steckt, muss mit keinen Renditeeinbußen mehr rechnen. Wie verschiedene Studien beweisen, sind viele der erfolgreichsten Fonds im Bereich nachhaltige oder ökologische Geldanlagen zu finden, darunter der erfolgreichste Fond überhaupt "Ökovision", der mit einem Wertzuwachs von 16 Prozent alle Konkurrenten geschlagen hat. Rund 112 dieser Fonds gibt es mittlerweile im deutschsprachigen Raum mit einem Volumen von 5,3 Milliarden Euro, Tendenz steigend. Man kann es also als erwiesen ansehen, dass sich auch mit gutem ökologischen Gewissen Geld verdienen lässt. (14), (15)

Fallbeispiele

Ökoprofit - Beispiele von Umweltschutz mit Gewinn

Die Sparkasse Dortmund kann durch Einbau eines Frequenzreglers in der Raumluft-Temperatur-Anlage jährliche Energiekosten von 10 800 Euro einsparen - bei einer Investitionssumme von 14 500 Euro. (11)

Die 24 teilnehmenden Unternehmen der Region Starkenburg sparten insgesamt 1,5 Millionen Euro an Betriebskosten ein. Dies wurde mit Investitionen von nur 100 000 Euro erreicht. Die Ökoprofit-Betriebe im Rhein-Main-Gebiet melden Betriebskosten-

Einsparungen von mehr als 2,4 Millionen Euro.(12), (13)

Die Hypo-Vereinsbank in München spart aufgrund eines Ökoprofit-Projektes jährlich 20 Tonnen an Chemikalien bei der Wasseraufbereitung ein. Die neu angeschaffte Anlage arbeitet nach einem physikalischen Osmose-Verfahren ohne umweltschädliche Chemie. (17)

Eco Top Ten

Das Öko-Institut hat auf ihren Eco-Top-Ten-Listen nicht nur auf die ökologischen Faktoren der getesteten Produkte geachtet, sondern vor allem auch auf die Gesamtkosten von Anschaffung und Gebrauch. Listen gibt es bisher für Heizungsanlagen, Waschmaschinen, Wäschetrockner, Autos und Strom. Geplant sind außerdem Beurteilungen für Biolebensmittelangebote, ökologisch produzierte Kleidung, Computer und Zubehör, Fernseher sowie nachhaltige Geldanlagen.(18), (www.ecotopten.de)

Weiterführende Literatur

(1) Gewinn mit Ökologie Studie lobt Nachhaltigkeit

aus Frankfurter Rundschau v. 10.06.2005, S.1,
Ausgabe: S Stadt

(2) Jobs durch Ökologie Grüne setzen sich von Köhler ab
aus Frankfurter Rundschau v. 06.04.2005, S.5,
Ausgabe: S Stadt

(3) Über kurz oder lang
aus brand eins, Heft 3/2005, S. 62-71

(4) ÖKONOMIE UND ÖKOLOGIE "Gewinne trotz Umweltschutz und Standort Deutschland"
aus IT Business, Heft 17/2005, S. 8

(5) "Öko-Schick funktioniert nicht" Versandhändler Michael Otto über subventionierte Bio-Baumwolle, preisbewusste Verbraucher und seine kritische Distanz zur Börse
aus Frankfurter Rundschau v. 10.06.2005, S.2,
Ausgabe: S Stadt

(6) Genuss und Gewinn Karl Ludwig Schweisfurth / Einst besaß er Europas größte Wurstfabrik. Heute macht er in Bio-Lebensmitteln. Und lehrt mitseinem Netzwerk die großen Handelsketten, wie sich ökologisches Wirtschaften und Profit miteinander verbinden lassen
aus Financial Times Deutschland vom 06.06.2005, Seite 28

(7) Janositz, Paul, lernen und entwickeln -

Altbewährte Prozesse neu denken, Frankfurter Rundschau vom 21.06.2005, S. 28, Ausgabe: S Stadt
aus Financial Times Deutschland vom 06.06.2005, Seite 28

(8) lernen und entwickeln Altbewährte Prozesse neu denken Grüne Chemie und Weiße Gentechnik: Die Frage nach der ökologischen Relevanz bestimmt die Arbeit in den Laboren
aus Frankfurter Rundschau v. 21.06.2005, S.28, Ausgabe: S Stadt

(9) Sauberer Standard Fujitsu Siemens investiert viel Geld, um Schadstoffe aus
aus Frankfurter Rundschau v. 17.06.2005, S.28, Ausgabe: S Stadt

(10) seinen Computern zu verbannen – und schafft damit ein Verkaufsargument, das zieht
aus Frankfurter Rundschau v. 17.06.2005, S.29, Ausgabe: S Stadt

(11) Splettstösser, Bernd / Dickhöfer, Wilhelm, Sparkasse Dortmund spart Ressourcen und senkt Betriebskosten, Die SparkassenZeitung, 04.03.2005, Nr. 09, S. 16
aus Frankfurter Rundschau v. 17.06.2005, S.29, Ausgabe: S Stadt

(12) Sparkasse Dortmund spart Ressourcen und senkt Betriebskosten Auch mit Ökologie gibt's Profit
aus Die SparkassenZeitung, 04.03.2005, Nr. 09, S. 16

(13) Gemeinsam nach Gewinn streben
aus Darmstädter Echo, 10.05.2005

(14) Profit mit Umweltschutz
aus Frankfurter Allgemeine Zeitung, 10.05.2005, Nr. 107, S. 49

(15) Nachhaltige Erträge Ethik, Soziales und Ökologie - auch in der Geldanlage gewinnen Werte an Bedeutung. Nachhaltigkeitsfonds legen nach strengeren Maßstäben an als andere Fonds.
aus Börse Online vom 28.04.2005, Seite 18

(16) Bretschger, Lucas, Die Nachhaltigkeits-Debatte krankt an zu viel Beliebigkeit, Neue Zürcher Zeitung, 30.04.2005, Nr. 100, S. 31
aus Börse Online vom 28.04.2005, Seite 18

(17) Nachhaltigkeit und finanzielle Performance: ausgewählte Indizes und Unternehmen im empirischen Vergleich
aus Zeitschrift für das gesamte Kreditwesen 11 vom 01.06.2005 Seite 576

(18) Die Nachhaltigkeits-Debatte krankt an zu viel Beliebigkeit Zentrale Erkenntnisse der Ökonomie zur langfristigen Entwicklung
aus Neue Zürcher Zeitung, 30.04.2005, Nr. 100, S. 31

Impressum

Umweltschutz - ein Luxus den man sich nicht leisten kann?

Bibliografische Information der deutschen Nationalbibliothek

Die Deutsche Nationalbibliothek verzeichnet diese Publikation in der deutschen Nationalbibliografie; detaillierte bibliografische Daten sind im Internet über http://dnb.d-nb.de abrufbar.

ISBN: 978-3-7379-1453-6

© 2015 GBI-Genios Deutsche Wirtschaftsdatenbank GmbH, Freischützstraße 96, 81927 München, www.genios.de

Alle Rechte vorbehalten. Dieses Werk ist einschließlich aller seiner Teile – z.B. Texte, Tabellen und Grafiken - urheberrechtlich geschützt. Jede Verwertung außerhalb der Grenzen des Urheberrechtsgesetzes bedarf der vorherigen Zustimmung des Verlags. Dies gilt insbesondere auch für auszugsweise Nachdrucke, fotomechanische Vervielfältigungen (Fotokopie/Mikroskopie), Übersetzungen, Auswertungen durch Datenbanken oder ähnliche Einrichtungen und die Einspeicherung und Verarbeitung in elektronischen Systemen.